essentials

Springer Essentials sind innovative Bücher, die das Wissen von Springer DE in kompaktester Form anhand kleiner, komprimierter Wissensbausteine zur Darstellung bringen. Damit sind sie besonders für die Nutzung auf modernen Tablet-PCs und eBook-Readern geeignet. In der Reihe erscheinen sowohl Originalarbeiten wie auch aktualisierte und hinsichtlich der Textmenge genauestens konzentrierte Bearbeitungen von Texten, die in maßgeblichen, allerdings auch wesentlich umfangreicheren Werken des Springer Verlags an anderer Stelle erscheinen. Die Leser bekommen „self-contained knowledge" in destillierter Form: Die Essenz dessen, worauf es als „State-of-the-Art" in der Praxis und/oder aktueller Fachdiskussion ankommt.

Rachid Ouaissa

Die Rolle der Mittelschichten im Arabischen Frühling

Ein Überblick

Prof. Dr. Rachid Ouaissa
Philipps-Universität Marburg
Deutschland

ISSN 2197-6708 ISSN 2197-6716 (electronic)
ISBN 978-3-658-04949-2 ISBN 978-3-658-04950-8 (eBook)
DOI 10.1007/978-3-658-04950-8

Die Deutsche Nationalbibliothek verzeichnet diese Publikation in der Deutschen Nationalbibliografie; detaillierte bibliografische Daten sind im Internet über http://dnb.d-nb.de abrufbar.

Springer VS

Gedruckt auf säurefreiem und chlorfrei gebleichtem Papier

Springer VS ist eine Marke von Springer DE. Springer DE ist Teil der Fachverlagsgruppe Springer Science+Business Media
www.springer-vs.de

Vorwort

Revolutionen und Revolten sind oft unglückliche und nicht immer vorhersehbare Verkettungen von geschichtlichen Zufällen. Der Erfolg bzw. Misserfolg dieser Revolten und Revolutionen hängt von der Stabilität bzw. Dauerhaftigkeit der sporadisch entstandenen Allianzen zwischen den tragenden Gruppen und Schichten ab. Diese Allianzen hängen wiederum von der Kollision oder Konkordanz der oft konfligierenden Interessen der involvierten Akteure ab.

Einer der gewichtigsten Akteure von Revolten sind die Mittelschichten. In diesem Beitrag werden die Gründe der Revolten von 2011 in der arabischen Welt mit dem Blick auf die Mittelschichten analysiert und in den historischen Rahmen der großen Transformationen der Gesellschaften des Nahen Ostens und Nordafrikas eingeordnet. Dabei werden auch die Chancen der Demokratisierung der Region diskutiert.

Der Beitrag war ursprünglich Teil des Buches „Arabellions", herausgegeben von Annette Jünemann und Anja Zorob, erschienen 2013 im Verlag Springer VS. Er wurde für diese Veröffentlichung aktualisiert und überarbeitet.

Marburg, im Januar 2014   Rachid Ouaissa

Inhaltsverzeichnis

Einleitung 1

Die Welle von Protesten, die breite Teile der arabischen Welt erfasst hat, hat sowohl politische Beobachter als auch Experten überrascht. Der sogenannte „arabische Frühling" hat große Diskussionen in politischen und in Medienkreisen ausgelöst. Dabei wird gerne vergessen, dass Revolten unterschiedlicher Formen und Intensität, gegen die herrschende Klasse, zum Alltag der Gesellschaften des Nahen Osten seit Anfang des 19. Jahrhunderts gehören (Kazemi und Waterbury 1991; Zubaida 2008). Mit der Eingliederung des Osmanischen Reichs in die Weltwirtschaft den Tanzimat-Reformen und der Umstrukturierung der Agrarwirtschaft, waren diese Revolten Ausdruck des Kampfs, um die Repositionierung und Re-Konfigurationen unterschiedlicher gesellschaftlicher Gruppen und Klassen im Produktionssystem (Burke et. al. 1988; Burke 1991, S. 24–27).

Auch die jüngsten Revolten und Aufstände in der arabischen Welt sind Ausdruck von schichtenbezogenen Kontraktionen bzw. als Kampf bestimmter Klassen der Gesellschaft, um deren Position zu stabilisieren bzw. zu verbessern, ansehen. Diese Klasse wird hier als, die in ihrem Aufstieg blockierte Mittelschicht identifiziert. Zwar waren auf dem Tahrir-Platz in Kairo sowie in anderen arabischen Hauptstädten Mitglieder aus allen Bevölkerungsschichten an den Demonstrationen beteiligt, jedoch gilt es als unumstritten, dass die Angehörigen der Mittelschichten die tragende Kraft der Revolten waren (Maher 2011). In diesem Beitrag werden die Gründe der Aufstände im Jahre 2011 mit dem Blick auf die aufsteigenden Mittelschichten analysiert und in den historischen Rahmen der großen Transformationen der Gesellschaften des Nahen Ostens und Nordafrikas eingeordnet. Dabei werden auch die Chancen der Demokratisierung der Region diskutiert.

R. Ouaissa, *Die Rolle der Mittelschichten im Arabischen Frühling*, essentials, DOI 10.1007/978-3-658-04950-8_1, © Springer Fachmedien Wiesbaden 2014

Die Mittelschichten als analytische Kategorie

2

Die Klassendiskussion in Bezug auf die Staaten und Gesellschaften des Nahen und Mittleren Ostens ist eine alte Diskussion, die bis zur vorkolonialen Zeit reicht (Beinin und Lockmann 1987; Lockman 1994) und die wissenschaftlichen Debatten der postkolonialen Phase im Rahmen der Entwicklungsdebatten dominiert (Turner 1984; Amin 1976; Batatu 1978). Zusammengefasst kann man drei Debattenstränge identifizieren. Eine erste Gruppe von Autoren sieht aufgrund der nicht etablierten kapitalistischen Strukturen, fehlender Industrialisierung und der Dominanz ethnischer, religiöser und tribaler Mobilisierungsmechanismen die Klassenanalyse als nicht ergiebig für die Gesellschaften der MENA-Region (Turner 1984, S. 1–66). Für die zweite Gruppe gilt die Anwendung der marxistisch-weberianischen Klassenanalyse als gegeben (Turner 1984). Samir Amin spricht von Klassen in prä-kapitalistischen Umständen. Zwar formieren sich Klassen nur unter Industrialisierungsbedingungen, jedoch ist Amin der Meinung, dass durch die imperialistischen Züge Europas sich embryonäre Klassen formiert haben (Amin 1976). Die dritte Gruppe bündelt die beiden Analyseraster, nämlich die Überlappung des Klassencharakters und der tribalen und kulturellen Strukturen (Halpern 1963). Für die Vertreter dieser Gruppe führt zwar die Anbindung der wirtschaftlichen Strukturen der Region an die Weltwirtschaft zur Entstehung von klassenähnlichen Strukturen, jedoch dienen weiterhin Ethnie, Glaube und Familie als Mobilisierungskanal und weniger die Klassenzugehörigkeit. Der Rückgriff auf die familiären und tribalen Sippensolidaritäten als Antwort auf lokale und globale wirtschaftliche Veränderungen ist nötig, weil ein Klassenbewusstsein nicht vorhanden ist. Die Verzahnung zwischen tribal-familiär-religiösen Strukturen und Klassenstrukturen hat Batatu für den Irak und Syrien beschrieben (Batatu 1978, 1999).

Der Begriff Mittelschicht bzw. „middle class" ist nicht einfach empirisch zu erfassen (Savage et al. 1992). In der Literatur wird zwischen „alten" und „neuen" Mittelschichten unterschieden (Liaghat 1980). Während mit den alten Mittelschichten urbane Händler und selbständig Beschäftigte (self employed) gemeint

R. Ouaissa, *Die Rolle der Mittelschichten im Arabischen Frühling*, essentials, DOI 10.1007/978-3-658-04950-8_2, © Springer Fachmedien Wiesbaden 2014

sind, werden die technischen Berufe, Angestellte in Bürokratie, Bildung und Dienstleistungssektor mit dem Begriff neue Mittelschichten bzw. „professional middle class" zusammengefasst (Robinson 1993). In der marxistischen Terminologie werden die Begriffe „petit bourgeoisie", „coordinating class" sowie „managerial class" und „professional class" gebraucht (Savage et al. 1992, S. 194). In Europa hat sich diese Klasse im Zuge der Industrialisierung ab 1760 formiert (Hobsbawm 1995; Wahrman 1995). Die Expansion des Kapitals im Zuge der Industrialisierung hat den Aufstieg neuer Gruppen (Ingenieure, Soldaten Techniker, Wissenschaftler etc.) ermöglicht. Diese Schicht wurde immer breiter und forderte Partizipationsrechte. Hobsbawm bezeichnet dies als Selbstentmachtung der Aristokratie (Hobsbawm 1989). Die Mittelschicht ist deswegen schwer zu erfassen, weil das obere opportunistische Segment, das dazu neigt, mit der Bourgeoisie in Allianz zu gehen, und das „ängstliche" untere Segment, das nichts mehr als den sozialen Abstieg fürchtet, unterschiedliche Ziele haben. Die fehlende gemeinsame Strategie drückt sich auch in einer mangelnden kollektiven Identität, Kampfgeist und dementsprechend fehlenden gemeinsamen politischen Ziele aus (James 2006).

In der Sprache von Bourdieu handelt es sich um eine „wahrscheinliche" Klasse und eine „quasi" Klasse, die nur durch ähnlichen Habitus zu identifizieren ist (Bourdieu 1982, 1998, S. 24). Für Bourdieu definieren sich die gesellschaftlichen Schichten und damit auch die Mittelschichten, durch deren Potential, bestimmte Kapitalsorten (kulturelles, symbolisches und ökonomisches) zu akkumulieren. Durch die Struktur des angeeigneten Kapitals definiert sich die Position der Akteure im Sozialraum. Die Disposition der Kapitalsorten determiniert den Habitus und damit werden auch das kulturelle und Alltagsverhalten der Mittelschichten identifiziert.

In ihrer Studie zu den englischen Mittelschichten in der Ära Margret Thatchers sprechen Savage et al. anlehnend an Wright, von bestimmten „assets", die die Mitglieder dieser Schicht besitzen: „We have now specified three assets which affect the actual processes of class formation. These are property assets, organization assets and cultural assets. But these must be seen in realist terms as social entities, rather than as descriptive classificatory devices" (Savage et al. 1992, S. 17). Die Mitglieder dieser Schicht besitzen bestimmte Fertigkeiten bzw. Begabungen und Skills, wie Fremdsprache, Organisations- und Kreativitätstalent, Unternehmungslust etc., die sie in ihrem Sozialaufstieg einsetzen können. (Savage et al. 1992, S. 18 ff.)

Diese Klasse wird zwar von der Arbeiterklasse und der Bourgeoisie unterschieden, jedoch als eine Klasse ohne eigenen Charakter wahrgenommen. Eine Klasse, deren Aufstieg nicht direkt das Ergebnis des Kampfes zwischen Arbeit und Kapital ist, sondern deren Mitglieder eher als Nutznießer dieses Kampfes zu sehen sind. Der Aufstieg dieser Klasse hängt vor allem von Regulierungsmechanismen des Staates bzw. der herrschenden Klasse ab. Die Mittelschichten sind durch eine gewisse

„moral economy" gekennzeichnet. Deren Mitglieder wollen zwar aus eigener Kraft das Leben meistern, bestehen aber auf einen gewissen Grad an Sicherheit, Gerechtigkeit und Verteilung. Die Mittelschichten werden als wertkonservativ, arbeitsam und sparsam charakterisiert, symbolisiert in der Figur des Gentlemans für die englischen Mittelschichten und die des Gentilhomme für die französische Geschichte (Earle 1989). Diese Eigenschaften werden auch den neuen Mittelschichten in Asien zugeschrieben (Embong 2002).

Politisch wird oft betont, dass Mittelschichten für demokratische Transformationsprozesse von großer Bedeutung sind (Pickel 2012, S. 138). Jedoch Mittelschichten sind nicht per se als demokratisch zu charakterisieren. Denn sie können auch als Träger der extremistischen und faschistischen Bewegungen fungieren. In seinem Aufsatz „Panik im Mittelstand" hat Theodor Geiger gezeigt, wie die wirtschaftlichen Unsicherheiten zu extremistischen Verhaltensmustern bei den Mittelschichten führten (Geiger 1930). In den 1930er Jahren bescherten die in Krise geratenen Mittelschichten dem Nationalsozialismus Wahlerfolge. Lipset drückte es mit der Bezeichnung „Extremismus der Mitte" aus (Lipset 1959). Dass Demokratisierung nicht immer das Hauptziel der Mittelschichten ist, zeigen die Beispiele aus Asien. Solange gutes Einkommen und Prestige gesichert sind, sind die Mittelschichten bereit, sich mit autoritären Regimen zu arrangieren. Für die aufsteigenden Mittelschichten in Asien ist eine demokratische Entwicklung kein primäres Ziel, sondern vielmehr eine staatlich gelenkte Kapitalisierung (Schwinn 2006, S. 213).

Im Zusammenhang mit diesen theoretischen Überlegungen hängt das „Potential" der Mittelschichten in den arabischen Ländern als Träger demokratischer Transition zu fungieren wesentlich von zwei Faktoren ab. Dabei geht es um die Frage, in welche wirtschaftlichen Systeme sie eingebettet sind und welche gesellschaftlichen Allianzen sie zu schmieden in der Lage sind (Moore 1969).

Typisch für die arabischen Mittelschichten ist, dass ihr wirtschaftlicher Ursprung die Rentenökonomie ist und nicht das Ergebnis der politischen Erstarkung der Verhandlungsmacht von Arbeit durch Etablierung von kapitalistischen Strukturen. Daher stellt sich die Frage, ob die von diesen Mittelschichten hervorgebrachten Revolten automatisch als Forderung nach radikalem Systemwechsel und die damit verbundene Verstärkung der demokratischen partizipativen Rechte zu klassifizieren sind.

Rente ist Folge eines beschränkten Wettbewerbs, entweder aufgrund von natürlichen Monopolen oder aufgrund politisch geschaffener Marktbeschränkungen. Renten beeinflussen die politischen Strukturen und wirken damit über die Interessenvermittlung auch auf die Strategien von Akteuren. Im Gegensatz zu Rente muss Profit in marktwirtschaftlichen Systemen aufgrund der Marktkonkurrenz reinvestiert werden, ansonsten drohen selbst den mächtigsten Kapitalisten ein Innovationsrückstand und dadurch bald ein Verschwinden vom Markt. Investitionen werden getätigt, weil Unternehmer mit größerer Konsumnachfrage rechnen. Innovationswettbewerb in Folge von Investitionen führt nicht nur zu technischer Überlegenheit, sondern auch zu steigenden Reallöhnen. In der keynesianischen Dynamik führen steigende Reallöhne zu steigender Nachfrage und damit auch zur Aufwertung der Arbeit als Verhandlungsmacht (Elsenhans 2009). Das Empowerment von Arbeit verhindert nicht nur die Übermacht der Mächtigen, sondern liefert die Grundlage der bürgerlichen Revolution und damit auch die Grundvoraussetzung für die Entstehung und den Erhalt von demokratischen Strukturen und Bürgerrechten. In dieser Logik sind sowohl der Staat, der als Moderator zwischen Arbeitnehmern und Arbeitgebern auftritt, weil jeder Arbeitslose ihn mehr kostet, als auch die Unternehmer, die Massenmärkte brauchen, um ihren Profit zu erhöhen, an Vollbeschäftigung interessiert. Qualifizierte Arbeitnehmer sind bei den Unternehmern gefragt, um im Innovationswettbewerb zu bestehen. Der Staat investiert in Bildung und strukturelle Voraussetzungen. Breite Schichten der Gesellschaft profitieren von der Markterweiterung und dies führt zu dem, was Hobsbawm nach der Industrialisierung Europas als „Selbstentmachtung der Aristokratie" (Hobsbwam 1989) bezeichnet hat.

Kapitalistische Strukturen bestimmen damit nicht nur das politische Verhalten der Elite, sondern auch das kulturelle Verhalten der Beschäftigten. Die Mobilisierung von Arbeit als Verhandlungsmacht und nicht ethnische, religiöse und Sippensolidarität wird zum bevorzugten Mittel, Interessen durchzusetzen. Damit tritt ein, was Ferdinand Tönnis als Übergang von Gemeinschaft zu Gesellschaft beschrieben hat (Tönnis 2012). Auch Klassenallianzen zur Durchsetzung demokratischer Rechte im Sinne Barrington Moores sind nur unter diesen besonderen kapitalistischen Voraussetzungen erfolgsversprechend (Moore 1969).

In rentendominierten Wirtschaften muss der Kapitalüberschuss nicht produktiv investiert werden. In diesem Wirtschaftstypus ist Arbeit nicht an Produktivität gekoppelt, sondern an Gefälligkeiten. Trotz einiger sektoraler Ausnahmen in einigen Ländern der arabischen Welt, dominiert in diesen Wirtschaften, was Hartmut Elsenhans als Marginalität beschrieben hat. Marginaler Arbeiter ist derjenige, der mehr kostet, als er erwirtschaftet und im Rahmen des vorkapitalistischen Sozialvertrags beschäftigt wird (Elsenhans 2001, S. 210–211). Der marginale Arbeiter kann eigene Interessen nicht durch Mobilisierung von Seinesgleichen durchsetzen. Im Gegenteil, er wird an seinen Patron und seine Sippe (oder Glaubensgemeinschaft) klientelistisch gebunden, da er nur deren Wasta[1] verdankt, beschäftigt zu werden.

---

[1] Arabische Bezeichnung für Vorteilbeschaffung durch nepotistische Beziehungen.

Jede Form von organisiertem Protest kann zum Einsatz der Reservearmee billiger Arbeiter (Kalecki 1943) führen. Dies stärkt wiederum die gesellschaftlichen vorkapitalistischen Strukturen, die Patronagesysteme und die Fragmentierung der Gesellschaft entlang der Gemeinschaften, wie es von Ibn Khaldun im 14. Jahrhundert beschrieben wurde (Ibn Khaldûn 1997).

Die Mittelschichten als treibende Kraft der Geschichte der arabischen Welt 3

Wie jüngste Forschungen über die sozio-ökonomischen Entwicklungen in der MENA-Region beweisen, bestimmen Transformation, Aufstieg und Krisen der Mittelschichten die sozialen und politischen Strukturen der Region seit Anfang des 19. Jahrhunderts maßgeblich (Watenpaugh 2006). Betrachtet man die Geschichte der Region seit Anfang des 19. Jahrhunderts, so zeichnet sich eine Art zyklische Entwicklung solcher Protestbewegungen ab. Die Mittelschichten sind dabei die Hauptträger der Revolten. Der Aufstieg, Niedergang und die Stagnation dieser Mittelschichten sowie deren Artikulationsformen sind maßgeblich für die Erklärung von gesellschaftlichen, kulturellen und politischen Prozessen im Nahen und Mittleren Osten. Diese Dynamiken der Mittelschichten sind wiederum von politischem und ökonomischem Strukturwandel beeinflusst.

So führten die ab dem 19. Jh. eingeführten Tanzimat-Reformen (1839–1876) im Osmanischen Reich zum Aufstieg einer neuen städtischen Mittelschicht, die im nahöstlichen Kontext mit dem Begriff Effendiya bezeichnet wurde. Der Begriff kommt aus dem Osmanischen, stammt vom Wort Effendi ab, das bedeutet „Herr", also analog zu den Bezeichnungen „Gentleman" oder „Gentilhomme" in der europäischen Geschichte. Der Aufstieg dieser Mittelschicht war aber nicht, wie in der Geschichte Europas, Ergebnis der Intensivierung der Industrialisierung und der damit einhergehenden Intensivierung der Investitionen, sondern das Ergebnis der rentenorientierten Umstrukturierung der Agrarwirtschaft sowie der Eingliederung des Osmanischen Reichs in die Weltwirtschaft. Beispielhaft dafür sind die Modernisierung und die Umstrukturierung der Agrarwirtschaft in eine exportorientierte Agrarwirtschaft unter Mohamed Ali und die damit verbundene Etablierung des Rentenkapitalismus (Hafez 2009; Ergil 1975; Kanzancigil 1973; Gran 1998).

Wie Watenpaugh für die Stadt Aleppo dargestellt hat (Watenpaugh 2006), artikulierte sich der Aufstieg dieser neuen kosmopolitischen, urbanen und konsumorientierten Mittelschicht mit neuen kulturellen Lebensformen (Hanna 2003).

R. Ouaissa, *Die Rolle der Mittelschichten im Arabischen Frühling*, essentials,
DOI 10.1007/978-3-658-04950-8_3, © Springer Fachmedien Wiesbaden 2014

Distinktive Bekleidung, Konsumption und Alltagsverhalten waren Merkmale dieser Effendiya. In den Zentren Kairo, Alexandria, Istanbul und Beirut florierten Clubs, Kaffees, Debattierklubs und philosophische Zirkel. Das entdeckte „Savoir vivre" demonstriert durch die Kunst des Zigarrenrauchens und alkoholisierte Genussmittel beschreibt Zubaida als die Kunst des „Savoir Boire" (Zubaida 2011, S. 146). In den transnationalen Netzwerken, wie z. B. Freimaurer, verkehrten nicht nur Literaten, Journalisten und Künstler, sondern auch Religionsreformer und Gelehrte, an deren Spitze Al Afghani (Zubaida 2011, S. 135 ff.). Dieser Modernisierungspfad wird intellektuell in Form von Nahda artikuliert.

Zugleich aber haben die wirtschaftliche Spezialisierung und Monoexportstrategien zur Verteuerung der lebensnotwendigen Agrarprodukte und Verschlechterung der Lebensqualität breiter Schichten der Gesellschaft geführt. Dies lässt sich ablesen an Revolten und gewalttätigen Aufständen in diversen Regionen des osmanischen Reiches (Burke et al. 2006; Burke et al. 1990; Kazemi und Waterbury 1991). Die Krise des Modells Mohamed Alis endete in Revolte der Urabi Bewegung. Die Krise der traditionellen Industrien (Textilwebereien in Syrien und Tunesien, Zuckerraffinerien in Ägypten etc.) führte zu Unruhen in vielen Provinzen des Reiches (Tunesien 1864; Syrien 1860 etc.) (Hourani 2000, S. 340 ff.). Die Unruhen kann man als Vorstufe der anti-osmanischen Ressentiments bezeichnen. Die unter der kolonialistischen, imperialistischen Herrschaft Europas verstärkt vorangetriebene Modernisierung der Region führte zur Diskreditierung der agrarischen Machtelite. Noch unter der Kolonialherrschaft entstand, aufgrund der Verbreitung von modernen Bildungssystemen, die sogenannte „New Effendiya" (Goldschmidt 2005). Diese neuen Mittelschichten entstanden nach dem ersten Weltkrieg. Sie wurden spätestens mit der weltweiten kapitalistischen Krise der 1930er Jahre zu den Hauptträgern des arabischen Nationalismus (Eppel 2005; Gershoni und Jankowski 1995, S. 7–22). Die jungen Offiziere in Ägypten, Syrien und Irak sowie die, meist in französischen Schulen ausgebildeten, Revolutionäre in Tunesien, Algerien und Marokko, sind exemplarisch für diese neuen nationalistischen Mittelschichten. Die Kolonialmächte sind (gewollt) daran gescheitert, kapitalistische Strukturen in den Ländern der arabischen Welt zu implementieren. Primäres Interesse der Kolonialmächte war es, die Region auf die Produktion von Rohstoffen und Primärprodukten für die boomende europäische Industrie umzulenken. Wie die Dependencia-Theoretiker (Frank, Prebisch, Singer etc.) bewiesen haben, erschwert die Spezialisierung auf Rohstoffe die industrielle Aufholjagd. Mit Ende des Kolonialismus übernahmen in den Staaten der Region diese Mittelschichten die Macht. Mit Hilfe der Öleinnahmen etablierten sich Rentierökonomien. Die Einbindung in das kapitalistische Weltsystem, wie es in den letzten 20 Jahren der Fall war, verstärkt diese Struktur. Renten müssen nicht ökonomisch rational eingesetzt werden, sondern stehen der herrschenden Elite frei zur Verfügung und werden in der Regel politisch eingesetzt, um Loyalitäten zu erkaufen. Der bevorzugte Einsatzbereich von Renten ist der Sozialbereich. Damit entsteht ein politischer Pakt zwischen Herrschen- den und Beherrschten, basierend auf der strategischen Verteilung von Renten. Zu den sozial-gesellschaftlichen Effekten dieser Politik zählen unter anderem die Sicherung eines Bildungs- und Gesundheitsangebots für breite gesellschaftliche Schichten sowie Beschäftigungsmöglichkeiten im riesigen öffentlichen Sektor. Mit Hilfe der Ölwirtschaft erzielten diese Länder zwischen 1973 und 1983 jährliche durchschnittliche Wachstumsraten von bis zu 11 % des BIPs gespeist aus den Einnahmen aus Ölexporten oder aber über die Kanäle von regionaler Arbeitsmigration und finanziellen Unterstützungsleistungen der großen Ölexporteure an die Semirentiers unter den arabischen Staaten. Die Arbeitslosigkeitsrate lag bei etwa 5 % in Ägypten und 1,6 % in Jordanien bis in die 1980er Jahre (Winckler 2005, S. 88 ff.).

Eine der Folgen dieser Umverteilung lag in der rasanten Verstädterung. Der Anteil der urbanen Bevölkerung nahm in Ägypten von 30 % im Jahre 1950 auf 47 % im Jahre 1990 zu, in Syrien von 32 auf 51 %, in Jordanien von 38 auf 78 % und Saudi-Arabien gar von 12 auf 86 %. Die Modernisierung der Agrarwirtschaft wurde vernachlässigt und somit die Nahrungsabhängigkeit ausgedehnt. Schließlich kam es zu einer Bevölkerungsexplosion, wobei die Bevölkerung in Ägypten von 21 Mio. Menschen im Jahre 1950 auf 55,5 Mio. im Jahre 1990 anwuchs, in Jordanien von 600.000 auf 3,5 Mio., in Algerien und Marokko von 9,5 auf 30 Mio. und in Syrien von 3,5 auf 16 Mio. Menschen im gleichen Zeitraum. Dabei ist eine Verjüngung der Bevölkerung zu verzeichnen, gerade für die arbeitsfähige Bevölkerung (zwischen 15 und 64 Jahre alt), deren Anteil sich in allen Ländern des Nahen Ostens auf mehr als 60 % der Bevölkerung beläuft (Richards und Waterbury 2008, S. 71 ff).

Diese Politik führte zum Aufstieg einer neuen Mittelschicht ab Mitte der 1970er Jahre (Richards und Waterbury 1990, S. 408 ff.; Shechter 2008), die auch als „professional middle class" bezeichnet wird (Longuenesse 2007). Gerade weil die postkolonialen Staaten die Überwindung der Unterentwicklung als wichtigstes Ziel ihrer Politik gesehen haben, wurde vor allem in die technischen Studiengänge wie Ingenieurswissenschaften investiert. Die Rekrutierung im riesigen öffentlichen Sektor führte zur Entstehung von staatlich gebundenen (damit auch rentengebundenen) Mittelschichten (Longuenesse 2007). Neben der rosigen ökonomischen Situation, diente die panarabische Rhetorik als ideologisches Gerüst für diese Mittelschichten.

Jedoch spätestens Mitte der 1980er Jahre erfuhr diese Politik vor dem Hintergrund des starken Einbruchs der internationalen Ölpreise eine schwere Krise. Die meisten Staaten der Region waren gezwungen, konditionierte Strukturanpassungsprogramme unter der Ägide von IWF und Weltbank umzusetzen. Die Krise des

Rentierstaats führte zum Rückzug des Staates aus seiner gesellschaftlichen Verantwortung und zum Ende der loyalitätssichernden Distributionsstrategien. Der Anteil der gesellschaftlich marginalisierten Jugend wurde immer größer und die Forderungen der Mittelschichten nach größeren Aufstiegsmöglichkeiten immer deutlicher. Der „Sozialpakt" zwischen Staat und Gesellschaft und damit auch die „Pax Politica" waren zerbrochen. Nun wird die Religion zu einem neuen Artikulationskanal. Die aus den Universitäten strömenden Absolventen (vor allem mit technischen Abschlüssen) konnten nicht mehr vom dem in die Krise geratenen öffentlichen Sektor absorbiert werden. Genau diese Absolventen werden hier als die in ihrem Aufstieg blockierten Mittelschichten bezeichnet.

Die islamistischen Bewegungen als neue Rentiers

4

Die in ihrem Aufstieg blockierte Mittelschicht wurde zum Hauptklienten der islamistischen Bewegungen (Losurdo 2002, S. 8). In der Literatur zu islamistischen Bewegungen ist die Rede von einer „Koalition der Verlierer", die sich aus Segmenten der Bourgeoisie, proletarisierten Staatsangestellten, Ingenieuren, Industrieproletariat, unterbeschäftigter Intelligentsia, Notabeln, Agrarkapitalisten und Studenten zusammensetzt (Krämer 1986, S. 106; Ibrahim 1996; Ayubi 1980). Die islamistischen Bewegungen konnten deswegen den politisch heimatlosen Mittelschichten eine Zuflucht bieten, weil sie in ihren Programmen zwar Marktöffnung und staatsinterventionistische Vergeudung von Ressourcen kritisierten, sie dem Staat aber weiterhin eine wichtige Rolle zuweisen, insbesondere in den Außenwirtschaftsbeziehungen. Die Texte dieser Bewegungen entwickeln sich von einer kulturalistisch gefärbten Beschreibung von Prinzipien der „moral economy" zu einer pragmatischen Darstellung von Politiken, die Markt und Plan unter den Bedingungen von „Globalisierung" mit dem Schutz der nationalen Wirtschaft vor Importkonkurrenz und der Förderung von Exportmöglichkeiten, verbinden, wie die Wahlprogramme der islamistischen Parteien zeigen (Lübben 2008; Ouaissa 2008).

Kepel erklärt den Erfolg der islamistischen Bewegungen in deren Fähigkeit, eine Synthese zwischen den Unterschichten und den aufsteigenden (frommen) Mittelschichten herzustellen (Kepel 2000, S. 9). Denn die Islamisten pflegen einen radikalen Diskurs, der die frustrierten Unterschichten mobilisiert, und propagieren gleichzeitig mittelschichtorientierte wirtschaftliche Programme, die deren sozialen Aufstieg ermöglichen sollen (Clark 2004). In ihrer Untersuchung über die Aktivitäten der islamistischen Wohlfahrtsorganisationen in den drei Ländern Ägypten, Jordanien und dem Jemen ist Janine Clark (Clark 2004, S. 945) zu dem Ergebnis gekommen, dass die islamistischen moderaten Gruppen ihre Anhänger mittels zweier unterschiedlicher Strategien an sich binden: Sie pflegen horizontale Beziehungen gegenüber den Mittelschichten und vertikale klientelistische (Patron-Klient) Be-

R. Ouaissa, *Die Rolle der Mittelschichten im Arabischen Frühling*, essentials,
DOI 10.1007/978-3-658-04950-8_4, © Springer Fachmedien Wiesbaden 2014

ziehungen gegenüber den Unterschichten. Die Autorin stellt fest, dass nicht nur viel umfangreichere Hilfsprogramme und Dienste für die Mittelschichten zur Verfügung gestellt werden als für die Unterschichten, sie fand sogar, dass islamische Wohlfahrtseinrichtungen wie Krankenhäuser, Schulen etc. speziell für die Mittelschichten des Landes errichtet worden sind. Die Bewegungen bieten durch ihre verschiedenen Organisationen im sozialen Bereich ein Dach für die frustrierten Unterschichten und liefern durch den bürokratischen Apparat in den verschiedenen Tätigkeitsbereichen der Bewegungen Beschäftigungs- und Aufstiegsmöglichkeiten für die marginalisierten Mittelschichten (Bayat 2010, S. 24). Für arbeitslose Akademiker stehen nun beispielsweise Möglichkeiten zur Ausübung ihres Berufs im Bankwesen und in Krankenhäusern zur Verfügung. Dies macht aus diesen Bewegungen, gerade in der Zeit des Rückzuges des Staates aus seinem wohlfahrtsstaatlichen Aufgabenbereich, ein paralleles Rentiersystem par Excellence (Müller 2002, S. 126–129). Zwar unterscheiden sich die Rentenquellen des Staates und die der islamistischen Wohlfahrtsorganisation, die vor allem auf Spenden und Private Einlagen basieren, jedoch führen die Verwendungsstrategien zu ähnlichen rentenbedingten Klientelisierungsmechanismen.

Nachdem die gewalttätigen Strategien zur Machtübernahme in Algerien und Ägypten in den 1990er Jahren gescheitert waren, verwandelten sich die unterschiedlichen islamistischen Bewegungen zunehmend in Parteien, die auf allen Ebenen ihre Teilnahmechancen auszuschöpfen versuchten.

Die algerische Erfahrung hat gezeigt, dass die islamistischen Parteien durch ihre Transformation von politischen Massenbewegungen zu politischen Parteien, sowie durch Übernahme von Regierungsverantwortung, riskieren, an Glaubwürdigkeit und Ansehen zu verlieren. Nach ihrem Einzug in die nationalen Parlamente entfalteten sich sowohl parteiintern als auch bei Anhängern und Wählern neue Dynamiken, die nicht mehr durch einfache populistische Diskurse und dogmatische Reden zu steuern sind (Esposito und Muqtedar 2000). Zudem sind selbst die Stammwähler und Anhänger dieser Parteien kritischer geworden. Dadurch findet auch eine Art „De-Sakralisierung" der islamistischen Bewegungen sowie der ihnen nahestehenden Organisationen und damit auch der Religion als politischem Mittel statt.

Durch politische Partizipation werden diese Parteien zunehmend pragmatischer und verlieren dabei an Kontrolle über ihre Anhänger. Die einst proklamierten großen Ziele und Reformprojekte sowie die Errichtung eines auf der Scharia basierenden Staatswesens sind längst Geschichte. Auch die islamische Sozialutopie der nationalen Gerechtigkeit, basierend auf egalitärer Verteilung, entpuppte sich als demagogischer Diskurs zur Klientelisierung bestimmter Schichten der Gesellschaft (Clark 2004, S. 944). Ihre ökonomischen Programme entpuppen sich als kompatibel mit den neoliberalen Programmen des IWF und der Weltbank. So nehmen es diese Parteien durch ihre Kooptation in Kauf, sich von den Marginalisierten der Gesellschaft, damit von einem wichtigen Teil ihrer Anhängerschaft, zu entfernen und insgesamt an Glaubwürdigkeit zu verlieren. Die Erfahrung islamistischer Parteien in Algerien zeigt, dass sie eher schwächer als stärker geworden sind. Je länger diese Parteien am politischen Wettbewerb teilnehmen, desto realpolitischer handeln sie. Somit dienen sie aufgrund ihrer politischen Partizipation eher der Legitimation der inszenierten „Fassadendemokratien" und somit auch der Stärkung der herrschenden autoritären Regime. Durch ihre Beteiligung an der Regierung sind nun die islamistischen Parteien genauso wie die herrschende Elite in Korruptionsaffären verwickelt. Die hier vertretene These scheint paradoxal zu den letzten Wahlergebnissen in Ägypten, Tunesien und Marokko zu sein. Jedoch bleibt den Islamisten an der Macht nur die Möglichkeit, entweder ein totalitäres System zu bilden, und damit nicht besser als ihre nationalistischen Vorgängerparteien zu sein, oder sich zu normalisieren bzw. „christdemokratisieren". Damit ist die Relativierung des religiösen Faktors in der Politik mit gleichzeitiger Zunahme der wirtschaftlichen Kompetenzen der Parteien gemeint.

Gerade wegen ihrer parlamentarischen Mehrheiten stehen die islamistischen Parteien vor einigen großen Herausforderungen. Zum einen müssen diese Parteien in einer Kohabitation mit dem Militärapparat bzw. den realen Machtinhabern regieren, was zu ihrer politischen Banalisierung führen kann. Zum anderen müssen dringende sozioökonomische Probleme in den Ländern des Nahen Ostens schnell und effektiv gelöst werden. Die Lösung dieser Probleme erfordert nicht nur politische Erfahrung, sondern auch intensive Zusammenarbeit mit den westlichen Staaten sowie mit den neuen aufsteigenden Mächten wie China, Indien und Brasilien. Dies kann zur Zerreißprobe für die machtunerfahrenen Parteien werden. Weiterhin bleibt die Verwaltung der Rente und die kluge Transformation der rentendominierten Ökonomien in produktive Ökonomie die größte Herausforderung, deren Bewältigung allzu leicht scheitern kann.

Aufstieg einer global konsumierenden Mittelschicht 5

Parallel zur Erstarkung der islamistischen Bewegungen seit Mitte der 1980er Jahren, haben die verfolgten Entwicklungsmodelle, trotz ihres Scheiterns, einige positive Erfolge zu verzeichnen, nämlich der Anstieg der Alphabetisierungsrate, gerade bei den Frauen, sowie die Urbanisierung. Dies erklärt den deutlichen Rückgang der Fertilitätsrate in fast allen Staaten der Region ab Mitte der 1980er Jahre. In einigen Ländern, wie Libanon oder Tunesien, spiegelt die Fertilitätsrate mit etwa 1,7 Kindern pro Frau durchaus europäische Verhältnisse wider. Die Krise des Rentiersystems initiierte daher auch eine neue demographische Politik in vielen arabischen Staaten. Dazu kommen Strukturanpassungsprogramme und die Nutzung der neuen Medien. All dies führte zu einer Umstrukturierung der Gesellschaften der Region, wobei die Golfstaaten immer noch eine Ausnahme bilden. Kleine Familien mit hohem Unterhalt und kostenintensiver Bildung für Kinder sowie Karrieremöglichkeiten für Frauen führen zur Destabilisierung des patriarchalischen Systems, aber auch zu einem veränderten Verhältnis zwischen Geschwistern sowie zwischen Eltern und Kindern. Auch die Beziehung zum Staat und zur Obrigkeit wird in Frage gestellt und neu verhandelt. Diese Entwicklung bezeichnen Emanuel Todd und Youssef Courbage als „unaufhaltsame Revolution" (Courbage und Todd 2008).

Ökonomisch sind die neuen gesellschaftlichen Schichten zugleich Ergebnis und Reaktion auf das Scheitern der auf Renten aufgebauten und vom arabischen Nationalismus geprägten Modelle. Das heißt aber nicht, dass Renten abgeschafft wurden, sondern vielmehr dass die Renten globalisiert wurden (Elsenhans 2001). Damit meint Elsenhans, dass unter dem Diktat der Washingtoner Institutionen IWF und Weltbank, die Staaten der arabischen Welt gezwungen sind, die Handelsschranken aufzuheben. Die laut angekündigten Freihandelszonen entpuppten sich als Strategien zur Verschaffung von privilegierten Marktzugängen für westliche Investoren. Diese halbherzige Marktöffnung arrangiert sowohl die herrschenden Klassen in der arabischen Welt als auch die westlichen Investoren. Während die Ersten mafiaar-

R. Ouaissa, *Die Rolle der Mittelschichten im Arabischen Frühling*, essentials,
DOI 10.1007/978-3-658-04950-8_5, © Springer Fachmedien Wiesbaden 2014

tig bestimmte Sektoren (Bank, Telekommunikation, Nahrungsmittelbranchen etc.) monopolisieren, genießen die Zweiten den Schutz gegen Konkurrenten aus anderen Kontinenten (China). Durch den von der Weltbank und IWF aufgezwungenen Liberalisierungen, sind vor allem Dienstleistungssektoren in der arabischen Welt angesiedelt worden. Marktführende Telefongesellschaften (Vodafone in Ägypten), Banken, Tourismusunternehmer, sowie die westlichen NGOs bieten Aufstiegsmöglichkeiten für die durch moderne Skills (Beherrschung der englischen Sprache) gewappneten Hochschulabsolventen. Die Infitah Politik[1] hat zum Untergang der alten staatlich gebundenen Mittelschichten (nasseristischen für Ägypten) und zum Aufstieg von globalrentenbedingen kosmopolitischen Mittelschichten (Mitchell 2002) geführt. Diese gesellschaftliche Re-Konfiguration ist dadurch zu erklären, dass sich durch die Krise der rentenbasierten Modelle der Staat von seinen Sozialaufgaben zurückgezogen hat, was den Niedergang der alten Mittelschichten bewirkte. Die neoliberalen Allianzen zwischen breiten Teilen der herrschenden Elite und den internationalen Investoren hatten die Entstehung der neuen Aufstiegsbranchen und damit auch der neuen „Global Middle Class" (Cohen 2004) zur Folge.

Politisch ist diese neue Mittelschichten-Generation interessenorientiert, will mehr Respekt und Teilnahme. Sie ist auch nicht mehr durch die alten, archaischen Mechanismen und Diskurse zu zähmen und verlangt nach ein neuem „Gesellschaftsvertrag". Der kulturelle und politische Verhaltenswandel dieser neuen urbanisierten, gut ausgebildeten und rentenalimentierten Mittelschichten ist durch das neue Konsumverhalten zu analysieren.

Seit den 1990er Jahren ist im Konsumverhalten sowie in diversen Produktionszweigen, unter dem Deckmantel der herrschenden kulturellen, traditionellen und religiösen Ordnungen, ein Prozess der Selbstorganisation und individuellen Zukunftsgestaltung ohne jegliche ideologische Untermauerung bei den Mittelschichten der arabischen Welt zu beobachten.

Diese jüngeren Entwicklungen werden in neuesten Forschungsansätzen auch als eine Globalisierung des Islams bzw. Islamisierung der Globalisierung beschrieben (Pink 2009; Haenni 2009; Abaza 2006). Hier wird die These vertreten, dass wir einen Aufstieg einer neuen Mittelschicht in der MENA-Region erleben, die neue Formen von Konsum pflegt. „Halal-Produkte" wie „Mecca-Cola" oder modisch gestylte, verschleierte Frauen verweisen auf zunehmend „hybride" Konsumformen. Damit wird die „Globalisierung" islamisiert bzw. „glokalisiert". Es findet eine Art Ökonomisierung und eine zunehmende Entideologisierung des Islams statt (Haenni 2005). In diesem Kontext werden auch die neuen Erscheinungsformen des Glau-

---

[1] Bezeichnet die wirtschaftliche und politische Öffnung des ägyptischen Präsidenten Anwar Sadat.

bens als „Cool Islam" bezeichnet (Boubekeur und Roy 2009). Anlehnend an Pierre Bourdieu wird das neue Konsumverhalten als Zeichen des Aufstiegs einer neuen Mittelschicht verstanden, welche sich vom Rest der Gesellschaft unterscheidet (Bourdieu 1982).

In Kairo, Istanbul und Ankara existieren moderne und traditionelle Lebens- und Konsumformen nebeneinander. Die Einkaufshäuser, die Musikstraßen und die verbarrikadierten noblen Stadtviertel für die neuen Reichen schmücken das Bild der Stadt im Nahen und Mittleren Osten. In ihrer Studie zu neuen kosmopolitischen Mittelschichten in Kairo beschreibt Koning, anlehnend an Saskia Sassen, die Entstehung von neuen kosmopolitischen Räumen in Kairo, die sie als „Reterritorialisierung der Metropole" bezeichnet. Die Stadtviertel der „nouveaux riches" grenzen sich, durch private Schulen, Universitäten, Supermärkte und Starbucks Kaffees, kulturell und architektonisch von den Armen Vierteln von Kairo ab (Koning 2009, S. 7). Ähnliche Entwicklung sind in den meisten Metropolen des Nahen Osten zu beobachten.

Der globale Konsumismus erreichte also auch breite Teile der nahöstlichen Mittelschichten. Allerdings ist diese Teilnahme am globalen Konsum nicht ein Ergebnis der Industrialisierung und damit auch der Vollbeschäftigung und der Anhebung der Kaufkraft. Diese Entwicklungen ähneln zwar denjenigen Europas im 19. Jahrhundert, unterscheiden sich aber dennoch grundlegend. In Europa führte die Industrialisierung zum Aufstieg neuer marktorientierter und wertkonservativer Mittelschichten, die zum Wahrzeichnen des viktorianischen Zeitalters geworden sind (Hobsbawm 1989).

Problematisch ist nun aber, dass die Mittelschichten in der arabischen Weltregion nicht Ergebnis tiefgreifender struktureller Veränderung und/oder der Integration breiter Schichten in Industrialisierungsprozesse sind, sondern Ergebnis der Intensivierung des rentenbedingten Konsums. So wäre es gewagt, die neu zu beobachtenden Konsumformen in Saudi-Arabien (Shechter 2009) und im Jemen (Stohrer 2009) mit einem Modernisierungsschub oder mit einer erstarkten Autonomie der Zivilgesellschaft zu verbinden. Konsumiert werden vor allem Billigprodukte aus dem informellen Sektor und Produkte aus Asien (Koning 2009, S. 7).

Empirisch gesehen sind die neuen Konsumimpulse, vor allem bei Frauen und Jugendlichen, nicht auf eine verbesserte Lebenssituation, Beschäftigung oder besseren Zugang zum Arbeitsmarkt zurückzuführen (Touahri 2009). Laut der Arabischen Organisation für Arbeit stieg die Arbeitslosenquote zwischen 1990 und 2000 von 12,7 auf 15 %. Dabei beträgt die Arbeitslosigkeit in bestimmten Altersgruppen (Jugend und Frauen) und marginalisierten ethnischen/religiösen Gruppen mehr als 40 % (Dajani 2012). Der „Arab Human Development Report" von 2009 beziffert die

Quote der Armen, die weniger als zwei Dollar zur pro Tag zur Verfügung haben, in der arabischen Welt auf 20,3 % der gesamten arabischen Bevölkerung. Dabei stieg die Zahl der unterernährten Menschen von 19,8 Mio. im Jahr 1990 auf 25,5 Mio. Menschen im Jahre 2004 (Arab Human Report 2009).

Deswegen wird hier die These vertreten, dass der neue Lebensstil eher ein politischer „Code" (De Certeau 1988) ist, den es zu dechiffrieren gilt. Damit ist er eher ein Indiz der Artikulation von bestimmten individuellen Interessen als ein Zeichen der Repräsentation und Distinktion.

Wir gehen davon aus, dass die neu geschaffenen „islamischen Konsum- und Produktionsmilieus" ein Zeichen für die zunehmende Atomisierung der Gesellschaft und für das Ende der Massenbewegungen sind, und damit auch der wachsenden Individualisierung der islamischen Gesellschaften. Zugleich ist ein Desinteresse an organisierter aktiver politischer Beteiligung zu beobachten. So sind in Ägypten, laut einer Studie des Ahram Zentrums für politische und strategische Studien, mehr als 67 % der wahlberechtigten Jugendlichen bei den Wahlen nicht registriert (Shapiro 2009).

Deswegen sind mittelständische und Klein-Unternehmer mit Spezialisierung auf islamische Trend-Produkte, die Loslösung von bestehenden Sexualnormen bei Jugendlichen in islamischen Ländern wie Iran und Ägypten (Bayat 2010), die Schischa rauchenden jungen verschleierten Studentinnen, die Rap-Gruppen mit islamischen Texten oder die Husseyn-Partys im Iran (Bayat 2010) Anzeichen der Unterwanderung der herrschenden Regeln. Die islamischen Grundsätze werden zu Befreiungsinstrumenten. Der modische Schleier wird zum „befreienden Schleier" und zur Verschleierung individueller Interessen eingesetzt.

Diese neuen Mittelschichten artikulieren sich, indem sie neue Konsumräume und Konsumarten schaffen. Gerade weil diese neuen Gruppen nicht Ergebnis der Kapitalisierung, sondern der Renten sind, und weil sie weiterhin an klientelistische Beziehungen (lokal und national) gebunden sind, entwickeln sie andere Formen von Selbstorganisation (Koning 2009). Diese Gruppen sind nicht mehr in hierarchisch gesteuerten Massenbewegungen organisiert, sondern agieren in Form von neuen sozialen Bewegungen bzw. in Form von „non-movements", in „collective actions of non-collective actors" (Bayat 2010, S. 19). Das wichtigste Merkmal dieser neuen „non-movements" ist, dass sie im Gegensatz zu den Massenbewegungen keine kollektive Identität hervorbringen. Das „Ich" steht nun im Mittelpunkt der Aktion und nicht mehr das „Wir". Im rousseauschen Sinne ist hier die Entmachtung der „volonté générale" zugunsten der „volonté de tous" zu beobachten. Gerade weil diese Gruppen individuell zur Verbesserung bzw. Aufrechterhaltung der eigenen Situation agieren, und nicht im Namen der Umma und der Nation, besitzen sie keine gemeinsame politische Agenda und es ist wenig überraschend, dass somit auch die Islamisten bei den ersten freien Wahlen triumphieren (Ouaissa 2012a).

Die heutigen Revolten der Mittelschichten in der arabischen Welt sind Ergebnis des Scheiterns der gesellschaftlichen Sozialutopien und der damit einhergehenden zunehmenden Fragmentierung der Gesellschaft. Primäres Ziel der rentenorientierten Mittelschichten ist die Realisierung von gerechter Verteilung der Renten zur Verwirklichung partikularer bzw. individueller Lebenswelten, wie sie Schultze beschreibt (Schulze 2012). Schulze spricht von der Befreiung der individuellen Lebenswelten von staatlicher Bevormundung. Mit dem Scheitern der staatlich normierten Gesellschaftsmodelle und dem Machtgewinn der individuellen Lebensutopien, wird, anlehnend an Charles Taylor eine post-Durkheimsche Ära eingeleitet, in der eine Trennung zwischen Werten und Normen stattfindet (Schulze 2012, S. 45 f.).

Die Protestierenden auf dem Tahrir-Platz forderten Brot, Würde und soziale Gerechtigkeit. Jedoch, im Vergleich zu den europäischen Mittelschichten des 19. Jahrhunderts, haben sie faktisch keine strukturellen Druckmittel, um neue gesellschaftliche Modelle durchzusetzen. Es handelt sich um summierte individuelle Frustrationen und weniger um programmatische und politische Gegenentwürfe.

Fazit 6

Wie in der Einleitung schon angesprochen, hängen das politische und das kulturelle Verhalten der Mittelschichten von der Art des von ihnen erwirtschafteten Surplus ab. Die arabischen Mittelschichten seit Anfang des 19. Jahrhunderts sind ein Ergebnis von unterschiedlichen Strategien der Akquirierung von Renten. Die ökonomische Geschichte Europas sowie die Entstehung des Begriffes Rente beweisen, dass Renten in jeder Gesellschaft und in allen Wirtschaftsformen auftreten können. Im Gegensatz zu Profit entstehen Renten durch Marktunvollkommenheiten und dort, wo Marktmechanismen verzerrt sind. Renten erfordern demzufolge unterschiedliche Arten von Monopolen oder politischen Zugriffen.

Die herrschende Elite klientelisiert Gruppen der Gesellschaft durch Schaffung von Arbeit, d. h. marginaler Arbeit, und subventioniert die meisten Konsumgüter. Zugleich führt das Wohlfahrtsangebot, kostenlose Bildung, medizinische Versorgung etc. zur Entstehung von breiten Mittelschichten. Diese Mittelschichten wandern in die Städte, weil solche Angebote in der Regel dort erhältlich sind. Hinzu kommt für die arabische Welt, dass die Agrarwirtschaft aufgrund der besonderen klimatischen Bedingungen sowie der Importstrategien der herrschenden Elite vernachlässigt wird. Die Subsistenzagrarwirtschaft reicht nicht, um die ländliche Bevölkerung zu ernähren. Die Überbevölkerung der Städte verstärkt wiederum den Import von Nahrungsmitteln und anderen Konsumgütern. Die neuen, marginalbeschäftigten Mittelschichten sind aber nicht marktorientiert und marktbedingt im Sinne Webers (Weber 1985), sondern rentenbedingt. Für den algerischen Fall bezeichne ich diese Mittelschichten als „Trabendo-Mittelschichten"[1] (Ouaissa 2012b). Sie konsumieren mehr, als sie produzieren und ihr sozialer Stand hängt damit vom Anteil des von den herrschenden Klassen ausgegebenen Überschusses für Kon-

---

[1] Der Begriff Trabendo stammt aus dem Spanischen und bezeichnet kleine Wiederverkäufer von Waren.

R. Ouaissa, *Die Rolle der Mittelschichten im Arabischen Frühling*, essentials, DOI 10.1007/978-3-658-04950-8_6, © Springer Fachmedien Wiesbaden 2014

sum ab. Ich komme hier zum provozierenden Fazit, dass die revoltierenden global konsumierenden arabischen Mittelschichten nicht in der Lage sind die Machtstrukturen radikal zu verändern. Im Gegensatz zu den europäischen Mittelschichten des 19. Jahrhunderts, die durch ihren Konsum die Macht an sich gerissen haben, führt der Massenkonsum in der arabischen Welt zu Intensivierung der Importe und nicht zu Massenbeschäftigung und dadurch zu Verstärkung der Arbeit als Verhandlungsmacht gegenüber den Mächtigen. Der Konsum in der arabischen Welt wird durch unterschiedliche Formen von Renten finanziert. Paradoxerweise führt die Intensivierung von Importen zu Verstärkung der Importmonopolisten im Umfeld der herrschenden Klasse.

Die arabischen Mittelschichten sind zum Medium der großen Ideologien geworden. Bis in die 1970er Jahre waren sie Trägerinnen des arabischen Sozialismus und Nationalismus. Danach wurden sie wichtigster Trigger des politischen Islams. Die Rentenkrise und die forcierte Infitah-Politik durch die Implementierung der Strukturanpassungsmaßnahmen führten zugleich zur Spaltung der Mittelschichten und zu deren Abwendung vom Staat. Der Rückzug des Staates von seinen Wohlfahrtspflichten spaltete die Mitteschichten in ein unterschichtennahes Segment (marginalisierte Mittelschichten) und ein regimenahes und reformforderndes Segment (Business Mittelschichten). Während das Erste Segment unter dem Label des religiösen Gerechtigkeitsdiskurses das herrschende Regime abschaffen will, ist der zweite bereit mit den reformorientierten Teilen des Regimes einen Pakt zu schließen. Dieses Segment will an der Globalisierung Teilhaben unter fairen Wettbewerbsmöglichkeiten durch den Staatsschutz.

Der arabische Frühling ist das Ergebnis des Zusammenschlusses der beiden Segmente mit ihren entgegengesetzten Forderungen und Erwartungen. Gerade weil die Regime weder Reformwillig waren, um die Businessmittelschichten zu befrieden, noch waren sie fähig die Forderungen der Marginalisierten zu stillen. Das Motto der Revolten „Aisch, karama, Adala ijtimaia" (Brot, Würde, soziale Gerechtigkeit) ist Ausdruck des intersegmentaren Konsens. Für die einen ist „Aisch" die wichtigste Forderung und für den anderen bilden „Karama" und „Adala" die Haupterwartung.

Der Ausgang der Revolten bezeugt letztendlich, wie schwierig die divergierenden Stimmen und Forderungen in eine gemeinsame politische Massage zu vereinen sind, und dass breite Teile der Mittelschichten bereit sind, mit Teilen des Regimes einen Konsens zu finden, weitab von jeglicher Forderung nach Demokratie, und damit zur Re-Konfiguration des Regimes beitragen. Die arabischen Mittelschichten haben kein strukturelles Druckmittel, ein neues Gesellschaftsmodell und eine anderen Gesellschaftsvertrag durchzusetzen.

Literatur

Abaza, Mona. 2006. *Changing consumer cultures of modern Egypt. Cairo's urban reshaping.* Leiden: Brill.

Albrecht, Holger, und Kevin Köhler, Hrsg. 1997. *Politischer Islam im Vorderen Orient. Zwischen Sozialbewegungen, Opposition und Widerstand.* Baden-Baden: Nomos.

Amin, Samir. 1976. *La nation arabe. Nationalisme et luttes de classes.* Paris: Editions de Minuit.

Arab Human Development Report. 2009. Challenges to Human Security in the Arab Countries.

Ayubi, N. M. 1980. The political revival of Islam. The Case of Egypt. *International Journal of Middle East Studies* 12 (4): 481–499.

Batatu, Hanna. 1978. *The old social classes and the revolutionary movements of Iraq. A Study of Iraq's Old Landed and Commercial Classes and of its Communists, Ba'thists, and Free Officers.* London: Oxford University Press.

Batatu, Hanna. 1999. *Syria's Peasantry, the Descendants of Its Lesser Rural Notables, and Their Politics.* Princeton: Princeton University Press.

Barry, Jonathan. 1991. Consumer's passions: The Middle Class in Eighteenth-Century England. *The Historical Journal* 34 (1): 207–216.

Bayat, Asef. 2010. *Life as politics: How ordinary people change the Middle East.* Stanford: Stanford University Press.

Beinin, Joel, und Zachary Lockman. 1987. *Workers on the Nile: Nationalism. Communism, Islam and the Egyptian Working Class, 1882–1954.* Princeton: Princeton University Press.

Boubekeur, Amel, und Olivier Roy. 2009. *Whatever happened to the Islamists? Salafism, Heavy Metal Muslims and the Lure of Consumerist Islam.* Columbia: Hurst.

Bourdieu, Pierre. 1982. *Die feinen Unterschiede. Kritik der gesellschaftlichen Urteilskraft.* Frankfurt a. M.: Suhrkamp Verlag.

Bourdieu, Pierre. 1998. *Praktische Vernunft. Zur Theorie des Handelns.* Frankfurt a.M.: Suhrkamp Verlag.

Burke, Edmund III, Ira M. Lapidus, und Ervan Abrahamian, Hrsg. 1988. *Islam, Politics, and Social Movements.* Berkeley: University of California Press.

Burke, Edmund III. 1991. Changing patterns of peasant protest in the Middle East 1750–1950. In Hrsg. Farhad Kazemi und John Waterbury, 24–37.

R. Ouaissa, *Die Rolle der Mittelschichten im Arabischen Frühling*, essentials,
DOI 10.1007/978-3-658-04950-8, © Springer Fachmedien Wiesbaden 2014

Burke, Edmund III, und David D. Yaghoubian, Hrsg. 2006. *Struggle and Survival in the Modern Middle East*. California: University of California Press.

Clark, Janine. 2004. Social movement theory and Patron-Clientelism. Islamic Social Institutions and the Middle Class in Egypt, Jordan, Yemen. *Comparative Political Studies* 37 (8): 941–968.

Cohen, Shana. 2004. *Searching for a different future. The rise of a global middle class in Morocco*. Durham: Duke University Press.

Courbage, Youssef, und Emmanuel Todd. 2008. *Die unaufhaltsame Revolution. Wie die Werte der Moderne die islamische Welt verändern*. München: Pieper.

De Certeau, Michel. 1988. *Kunst des Handelns*. Berlin: Merve.

Dajani, Jamal. 2012. The new danger in the Middle East: Unemployment. http://www.huffingtonpost.com/jamal-dajani/the-new-danger-in-the-mid_b_166696.html. Zugegriffen: 05. Juni 2012.

Earl, Peter. 1989. *The making of the English middle class. Business, society and family live in London, 1660–1730*. Berkeley: University of California Press.

Elsenhans, Hartmut. 1994. Decolonisation. From the failure of the colonial export economies to the decline of westernised state classes. *The Maghreb Review* 19 (1/2): 95–122.

Elsenhans, Hartmut. 1995. Du malentendu à l'échec? Guerre d'Algérie et tiersmondisme français entre ajustement et engagement libéro-socialdémocrate. *Maghreb Review* 20 (1/4): 38–62.

Elsenhans, Hartmut. 2001. *Das internationale System zwischen Zivilgesellschaft und Rente*. Münster: LIT Verlag.

Elsenhans, Hartmut. 2009. Kapitalismus kontrovers. Zerklüftung im nicht so sehr kapitalistischen Weltsystem. *Welt Trends Papiere* 9.

Embong, Abdul Rahman. 2002. *State-Led modernization and the new middle class in Malaysia*. Basingstoke: Palgrave Macmillan

Eppel, Michael. 1998. *The Elite, the Effendiyya, and the growth of nationalism and Pan-Arabism in Hashemite Iraq, 1921–1958*. *International Journal of Middle East Studies* 30 (2): 227–250.

Ergil, DoGu, und Robert I. Rhodes. 1975. Western capitalism and the disintegration of the ottoman empire. The impact of the world capitalist system on ottoman society. *Economy and History* 18 (1): 41–60.

Esposito, John L., und Mohammed A. Khan Muqtedar. 2000. In *Religion and politics in the Middle East*, Hrsg. Deborah J. Gerner, 319–343.

Geiger, Theodor. 1930. Panik im Mittelstand. *Die Arbeit* 7 (1): 637–654.

Gerner, Deborah J., Hrsg. 2000. *Understanding the contemporary Middle East*. Colorado: Boulder.

Gershoni, Israel, und James P. Jankowski. 1995. *Redefining the Egyptian Nation, 1930–1945*. Cambridge: Cambridge University Press.

Goldschmidt, Arthur, Amy J. Johnson, und Barak A. Salmoni. 2005. *Re-visioning Egypt 1919–1952*. Cairo: The American University in Cairo Press.

Haenni, Patrick. 2005. *L'islam de marché. L'autre révolution conservatrice*. Paris: Seuil

Haenni, Patrick. 2009. The economic politics of muslim consumption. In, Hrsg. Johanna Pink, 328–341.

Hafez, Ziad. 2009. The culture of rent, factionalism, and corruption: A political economy of rent in the arab world. *Contemporary Arab Affairs* 2 (3): 458–480.

Halpern, Manfred. 1963. *The politics of social change in the Middle East and North Africa.* Princeton: Princeton University Press.

Hanna, Nelly. 2003. *In praise of books: A cultural history of Cairo's middle class, sixteenth to the eighteenth century.* Syracuse: Syracuse University Press

Hobsbawm, Eric J. 1989. *Das imperiale Zeitalter. 1875–1914.* Frankfurt a. M.: Fischer Verlag.

Hobsbawm, Eric J. 1995. Die englische middle-class 1780–1920. In, Hrsg. Jürgen Kocka, 85–112.

Hourani, Albert. 2000. *Die Geschichte der arabischen Völker.* Frankfurt a. M.: Fischer Taschenbuch Verlag.

Hsiao, Hsin-Huang Michael, Hrsg. 1999. *East Asian Middle Classes in Comparative Perspective.* Taiwan: Academia Sinica Taipei.

Ibn Khaldûn, Abd-al-Rahman. 1997. *Discours sur l'Histoire universelle, Al-Muquddima, Traduit de l'arabe, présenté et annoté par Vincent Monteil.* Paris Sindbad.

Ibrahim, Saad Edine. 1996. *Egypt, Islam and democracy: Twelve critical essays.*

Kairo James, Lawrence (2006): *The middle class: A history.* London: Little, Brown.

Kalecki, Michal. 1943. Political aspects of full employment. *Political quarterly* 14: 322–331.

Kazancigil, Ali. 1973. La participation et les élites dans un système politique en crise: le cas de la Turquie. *Revue française de science politique* 23(1):5–32.

Kazemi, Farhad, und John Waterbury, Hrsg. 1991. *Peasants and politics in the modern Middle East.* Miami: Florida International University Press.

Kepel, Gilles. 2000. *Jihad Expansion et Déclin de l'Islamisme.* Paris: Gallimard.

Kocka, Jürgen, Hrsg. 1995. Bürgertum im 19. Jahrhundert. Band I. *Einheit und Vielfalt Europas.* Göttingen: Vandenhoeck und Ruprecht.

Koning, Anouk de. 2009. Globaöl Dreams. *Class, gender, and public space in cosmopolitan Cairo.* Cairo: The American University in Cairo Press.

Krämer, Gudrun. 1986. Ägypten unter Mubarak. *Identität und nationales Interesse.* Baden-Baden: Nomos Verlag.

Liaghat, Gholam A. 1980. Changes in a new middle class through the analysis of census data. The Case of Iran Between 1956–1966. *Middle East Journal* 34(2):343–349.

Lipset, Seymour Martin. 1959. Democracy and working class authoritarianism. *American Sociological Review* 24:482–501.

Lockman, Zachary. 1994. *Workers and working classes in the Middle East: Struggles, histories, historiographies.* Albany: State University of New York Press.

Longuenesse, Élisabeth. 2007. *Profession et Société au Proche-Orient. Déclin des élites, crises des classes moyennes.* Rennes: Presse universitaire de Rennes.

Losurdo, Domenico. 2002. *Was ist Fundamentalismus? Marxistische Blätter,* 7.

Lübben, Ivesa. 2008. Die ägyptische Muslimbruderschaft – Auf dem Weg zur politischen Partei? In, Hrsg. Holger Albrecht and Kelvin Köhler, 75–97.

Maher, Stephen. 2011. The political economy of the Egyptian uprising. *Monthly Review* 63. 06 (November).

Mitchell, Timothy. 2002. *Rule of experts: Egypt, techno-politics, modernity.* Berkeley: University of California Press.

Moore, Barrington. 1969. Soziale Ursprünge von Diktatur und Demokratie. *Die Rolle der Grundbesitzer und Bauern bei der Entstehung der modernen Welt.* Frankfurt a. M.: Suhrkamp.

Müller, Herta. 2002. Marktwirtschaft und Islam. *Ökonomische Entwicklungskonzepte in der islamischen Welt unter besonderer Berücksichtigung Algeriens und Ägyptens*. Baden-Baden: Nomos Verlag.

Ouaissa, Rachid. 2008. *Aufstieg und Mäßigung des politischen Islam in Algerien*. In, Hrsg. Holger Albrecht and Kevin Köhler, 143–164.

Ouaissa, Rachid. 2012a. Arabische Revolution und Rente. In *Periplus. Jahrbuch für außereuropäische Geschichte*, 57–77. Berlin: Lit Verlag.

Ouaissa, Rachid. 2012b. Die Revolution bleibt aus. In Algerien erkauft sich das Regime politische Ruhe, in iz3w. Informationszentrum 3. *Welt 330 32–33*. (Mai/Juni 2012).

Pickel, Susanne. 2012. Mittelschichten als Antriebskraft politischer Umbrüche? Lehren aus dem Arabischen Frühling. In *Globale Trends 2013. Frieden. Entwicklung. Umwelt, Stiftung Entwicklung und Frieden*, 137–155. Institut für Entwicklung und Frieden, Frankfurt a. M.: Fischer Verlag.

Pink, Johanna, Hrsg. 2009. Muslim societies in the age of mass consumption. *Politics, culture and identity between the local and the global*. Tyne Newcastle: Cambridge Scholars.

Richards, Alan, und John Waterbury. 2008. A political economy of the Middle East. *State, class, and economic Development*. Boulder: Westview Press.

Robinson, Glenn E. 1993. The role of the professional middle class in the mobilization of Palestinian society: The medical and agricultural committees. *International Journal of Middle East Studies* 25(2):301–326.

Ryzova, Lucie. 2004. *L'effendiya ou la modernité contestée*. Le Caire: Cedej Collection 15/20.

Savage, Mike, James Barlow, Tony Fielding, und Peter Dickens. 1995. *Property, bureaucracy and culture. Middle-class formation in contemporary Britain*. London: Routledge.

Shapiro, Samantha M. 2009. Revolution, facebook-style – Can social network turn young Egyptian into a force for democratic change? *New York Times*, 25.01.2009.

Schulze, Reinhard. 2012. Die Passage von politischere Normenordnung zu lebensweltlicher Werteordnung. Erkenntnisse aus dem arabischen Frühling. In *Periplus. Jahrbuch für außereuropäische Geschichte*, 32–56. Berlin: Lit Verlag.

Schwinn, Thomas. 2006. Konvergenz, Divergenz oder Hybridisierung? Voraussetzungen und Erscheinungsformen von Weltkultur. *Kölner Zeitschrift für Soziologie und Sozialpsychologie* 58:201–232.

Shechter, Relli. 2008. The cultural economy of development in Egypt: Economic nationalism, hidden economy and the emergence of mass consumer society during Sadat's Infitah. *Middle Eastern Studies* 44(4):571–583.

Shechter, Relli. 2009. Consumer's monarchy. Citizenship, consumption, and material politics in Saudi Arabia since the 1970s. In, Hrsg. Johanna Pink, 89–104.

Singerman, Diane, und Amar, Paul, Hrsg. 2006. Cairo cosmopolitan. *Politics, culture, and Urban space in the New globalized Middle East*. Cairo: The American University in Cairo Press.

Sluglett, Peter, Hrsg. 1997. *The Urban social history of the Middle East 1750–1950*. Syracuse: Syracuse University Press.

Stohrer, Ulrike. 2009. Consumption in Yemen: Continuity and change. In, Hrsg. Johanna Pink, 129–143.

Touahri, Sarah. 2009. *La classe moyenne au Coeur des débats au Maroc*. In Magharebia, Mai 2009.

Tönnis, Ferdinand. 2012. *Studien zu Gemeinschaft und Gesellschaft. Herausgegeben von Klas Lichtblau*. Wiesbaden: VS Verlag.

Turner, Bryan S. 1984. Capitalism and class in the Middle East. *Theories of social change and economic development*. London: Heinemann Educational Books.

Wahrman, Dror. 1995. *Imagining the Middle Class: The political representation of class in Britain, c.1780–1840*. Cambridge: Cambridge University Press.

Watenpaugh, Keith David. 2006. *Being modern in the Middle East: Revolution, nationalism, colonialism, and the Arab middle class*. Princeton: Princeton University Press.

Weber, Max. 1985. Wirtschaft und Gesellschaft. *Grundrisse der verstehenden Soziologie*. Tübingen: Mohr.

Winkler, Onn. 2005. Arab political demography. Volume one: Population growth and natalist policies. Brighton: Sussex Academic Press.

Zubaida, Sami. 2008. Urban social movement, 1750–1950. In, Hrsg. Peter Sluglett, 224–253.

Zubaida, Sami. 2011. *Beyond Islam. A new understanding of the Middle East*. London: I.B.Tauris.